태풍을 기다리는 시간

태풍을 기다리는 시간

초판 1쇄 발행 • 2011년 12월 23일
재판 2쇄 발행 • 2024년 5월 17일

지은이 • 황규관

펴낸이 • 황규관
펴낸곳 • (주)삶창
출판등록 • 2010년 11월 30일 제2010-000168호
주소 • 04149 서울시 마포구 대흥로 84-6, 302호
전화 • 02-848-3097
팩스 • 02-848-3094

디자인 • 정하연

ⓒ황규관, 2020
ISBN 978-89-6655-121-7 03810

*이 책 내용의 전부 또는 일부를 다른 곳에 쓰려면
 반드시 지은이와 삶창 모두에게서 동의를 받아야 합니다.
*책값은 뒤표지에 표시되어 있습니다.

태풍을
기다리는 시간

황규관 시집

삶창

시인의 말

시가 단순한 현실의 반영이 아니듯이
삶도 현실의 노예가 아니어야 할 텐데
감히 지난 시간을 되돌아보니
몸이 아프다.

현재가 과거에 속박되어서는 안 되지만
과거는 현재의 심층에서
언제나 운동하고 있다고 믿는다.

이런 게 시간의 속성이라면
미래는 지금 어디에 있는 것일까?

참담한 시절에
부끄러운 내면을 내보이며
요설이 삶을 더럽힐 수도 있음을 생각해본다.

다만 엄청나게 두꺼운 시간 속에서
내가 한 올 한 올 풀어지고 있는 지점에 와 있음을

부정하기는 이제 어려울 듯싶다.

퇴락이 아니라 새로운 시작으로서 말이다.

2011년 겨울, 황규관

차
례

시인의 말 · 4

제1부

경계 · 13
탄생 · 14
낙화 · 16
어떻게든 · 18
밥 · 20
눈 온 아침에 · 22
붉은 꽃 · 24
아침이 되는 길 · 26
무논 · 28
겨울 강 · 30
태풍을 기다리는 시간 · 32
냇물이 흐르는 쪽 · 34

제2부

길 · 39
풀 · 40

아름다운 꽃밭 • 42

강가에서 • 44

바닥에 대하여 • 46

무너지는 시간 • 47

인간의 길 • 48

희뿌연 벌레 • 50

고속도로 • 52

거리에 갇히다 • 54

8월 • 56

강 • 58

제3부

잠들지 않는 생활 • 61

만국의 노동자여, 분열하자 • 62

공장 밖이 위험하다 • 64

우리는 이렇게 왔다 • 66

잃어버린 다이너마이트 • 68

마지막 남겨진 말 • 70

2008년 6월에 쓴 시 • 72

싸움의 끝 • 74

죽음에게는 먼저 • 76

심장의 빛깔 • 78

제4부

우리의 희망 • 83

전라도 • 86

더러운 시 • 88

집구석 • 90

악몽 • 92

육 년 동안 • 94

새해 아침에 • 96

죽음들 • 98

묘비명 • 100

노래에 대하여 • 102

제5부

꽃 •107

詩 •108

냇물 •110

무화과나무로부터 •112

소음의 정체 •114

먼지 •116

자화상 •118

입동 •120

더부살이하는 책 •122

오어사 •124

아프지도 않고 •126

살을 앓다 •128

벽 •130

해설__ 침묵과 심연 | 고봉준 •133

제1부

경계

국가와 국가 사이에 시푸른 바다가 있다
넘실대는 물결을 태양이 바라보고 있다
물길을 가르며 정어리 떼가 태평양으로 가고 있다
정어리 떼를 천천히 뜯어 먹으려
상어가 이빨을 빛내고 있다

조국은 숱한 장벽으로 나뉘어졌고
유배지는 통째로 절벽인데
버림받음과 버림받음 사이에 바다가 있다
바다는 폭발점을 품은 채
적도 쪽으로 흐르고 있다

국가가 태어나기 이전에
이념보다 깊은 곳에
이름을 가지지 않은 심해가 있다

탄생

강물 앞에 서면 물결이 되고
숲에 들면 나무가 되는 순간이 있다

어깨를 들썩이며
모든 시간이 울먹이고 꽃잎이
바람이 되는
어찌할 수 없는 노래가 있다

멍든 가슴이 깨질 때 목마른
짐승이 밖으로 뛰쳐나와 들판을 달릴 때
언어가 조각나는 여리디여린 몸뚱이가 있다

절정은 사막인데
사막이 피안이 되는 순간이 있다

싸움과 변명과
누적된 신음이 커질 때
사랑과 믿음과 고독에

모두를 맡길 때
미지의 심연이 반짝이는
찰나가 있다

어두운 물질에
웃음이 번지는 기적이 있다

낙화

꽃잎이 활활 진다

죽음 뒤에 새잎이라도 온다는 듯
허공에는 지는 꽃잎보다 많은
다른 세계가 우글거린다

새소리 머문 가지가 흔들리거나
사람의 눈길이 그 흔적을 미처 지우지 못할 때
사랑은 시작되고
미래가 은하수처럼 뿌려진다

그것도 밀물처럼 밀려와
고독의 복판에서 활활 지는
꽃잎의 몸부림 속에서 빛난다

언어는 이제 벌레 울음이나 되어라

오늘 이후의 싸움은,

허공을 제 몸으로 삼아라

꽃잎이 죽음을 녹이듯 활활 진다
새잎을 내밀며
보이지 않는 바람을 가리키며
알 수 없는 웃음을 퍼뜨리며

어떻게든

어떻게든 노동을 하지 않으려는 속셈에
시든 나뭇가지에 물을 부어보고
사랑이 떠난 가슴에 빗줄기를 들여보고
빈 지갑을 아내 앞에서 밝게 열어 보이네
논리도 없이 중심을 욕하네

비애를,
속된 고독을 가득히 잔에 따라보지만
바람을 따라온 함성이 들리고
막다른 길목에서 머리를 찧고 마네

어떻게든 나쁜 짓을 느껴보겠다고
하루 이틀 사흘…… 금욕을 가장하지만
떠오르는 눈빛을 애써 외면해보지만
무거워진 의미를 빨래통에 던져 넣지만
이자 납입일이 째깍째깍 다가오고 있네

쓰다 만 시를 떠나고 말았네

우리 집 불빛은 새벽이 되어도 꺼지질 않아서
어떻게든 조간신문을 끊어버리겠다고
대금 고지서가 딸아이 피아노 위에 수북해졌네

어떻게든 말 없는 물결이 되겠다고
어떻게든 새로 태어나는 작은 바위가 되겠다고
광막한 대지가 되겠다고
꽃과 꽃 사이의 날갯짓이 되겠다고

밥

이게 다 밥 때문이다.
이런 핑계는 우리가 왜소해졌기 때문
수령 500년 된 느티나무 아래서
참 맑은 하늘을 보며
해방이란 폭발인지 초월인지, 아니면 망각인지
내가 내 맥을 짚어보았다
웃고 울고 사랑하고
그리운 동무에게 편지를 쓰는 시간이
우리를 영영 떠날지도 모르지만
아들아, 밥은 그냥 뜨거운 거다
더럽거나 존엄하거나, 유상이든 무상이든
밥을 뜰 때 다른 시간이
우리의 몸이 되는 것
정신도 영혼도 나는 신뢰하지 않는다
이게 다 밥 때문이다
더 먹어라, 벌써 비운 그릇에
한 숟가락 덜어주는 건
연민이나 희생이 아니다

밥은 사유재산이 아니니
내 몸을 푹 떠서 네 앞에 놓을 뿐
밥을 먹었으면 밥이 될 줄도 알아야지
나무 아래서 걸어 나오니
아직도 지평선이 붉게 젖어 있다

눈 온 아침에

좀 느린 걸음이면 된다
적설량은 물경 한 뼘이 넘고
거기다 수은주가 영하 10도나 보태졌지만
자동차도 사람도
어제보다 느린 걸음이면 된다

좀 고요해지면 된다
자식들 깨우느라 소란한 집을 열고
이놈들, 밖을 보거라
일어나 움직여야 새처럼
조용한 아침을 노래할 수 있단다

좀 부족하면 된다
구름산 꿩 가족은 지금 배가 고파
눈동자가 모두 샛노랄 것인데
그동안 누린 것들 보내지 않으면
눈 온 아침에게
반드시 버림받는다

조금만 더 느리게
조금만 더 고요히
조금만 더 부족하면 된다고
아침에 쌓인 눈은
침묵이 깊다

찬바람이 얼얼하게 분다

붉은 꽃

오월에는 드문 초강력 황사라는데
뒷산에 웅성웅성 모여 핀 꽃들처럼
아주 저속한 체위를 갖고 싶다
백지 위에 정서한 사랑이여
지금 저지른 이 모독을 절대 지나치지 마라
한 달 만근도 개나발이고 한 푼 두 푼
모으고 있는 적금도 저 붉은,
그러나 곧 질 꽃들의 춘화보다 덧없다
시간은 마르지 않는 샘물이어서
가진 게 몸밖에 없는 사람끼리
일을 끝내고 누워 하늘을 볼 때
종양 같은 죄책감을 씻어낼 때
우리는 드디어 붉게 핀다
그걸 웅성웅성 해보자는 것이다
노동조합도 세미나도 고상한 자학도
오월에는 드문 초강력 황사라는데
힘겹게,
몸을 벗고 바람으로 휘어지자는 것이다

붉게 붉게 골짜기로
영영 떠나자는 것이다

아침이 되는 길

아침이 왔다
지난봄의 슬픔은 수선화 잎에
피어난 이슬이 되었다
사라지는 것이 아니라 먼지처럼
쌓여 다른 생이 되는 것이다
사랑도 꿈도 혼란스런 회한과 슬픔과 분노도
시간을 한 입 베어 물고 아침이 왔다
주어진 건 광야뿐이다
햇빛이 냇물 가득 넘쳐서
팔뚝만 한 잉어들이 후두둑 뛴다
그 사이를 지나면
가슴은 깊은 진흙덩이가 되리라
사라지는 것은 없다 모두
이 맑은 아침이 되었다
다시 적적한 저녁에는
빛깔이 다른 고뇌와 설움이
찾아올 테지만, 허락된 건

아침이 되는 길뿐이다

무논

논에 물이 들어간다
오랜 본질의 기억을 물리치고
메말랐던 지난 시간을 적시고 있다
치렁치렁하게 풀어지는 건 논바닥이 아니다
오직 자신을 위해서 묶은 허리띠를 풀 때
어린 모가 흔들리고 외로운 왜가리가
살며시 살며시 발걸음을 옮기는
눈부신 정적이 찾아온다

논이 가득 웃는다
그래야 하늘에 구름 한 점
지나갈 수 있다는 듯 기름진
노타리를 칠 수 있다는 듯
봄이 콸콸 소리를 내며
작년과는 다른 설렘을 채운다
논이 대지의 내면이 되어간다

그렇게 오늘은,

어제를 품고 어제와 단절한다

겨울 강

바다에 가까이 와서야 허락된 게
바람에 몸을 맡긴 영혼이라니
믿을 수 없는 건
차라리 버리지 못한 내 신념이다
새 떼들 상류 쪽으로 까마득히 날아가고
강안은 또 부서지느라 포클레인과
덤프트럭을 허락하고 말았지만
흐름을 멈춘 듯한 세상에도
견딜 수 없는 심연은 있는 것,
나는 눈앞의 격랑을 너무 오래 바라며 살았다
그러나 겨울 강은 바다에 가까울수록
침묵 쪽으로 길을 잡는다
그 위로 많이 가난해진 저녁놀이
먹먹하게 내려앉고, 드디어 암전!
그러므로 사랑을 잃은 노래여
기억이 아득해져버린 겨울 강에서
뜨거운 숨을 혼자 쉬어라
어제보다 깊은 수심水深을 가져라

겨울 강은 모든 목적을 버리고
경계 없는 바다가 되어가고 있다

태풍을 기다리는 시간

천 길 벼랑 같은 사랑을 꿈꿀 나이도 지난 것 같은데
이 한여름에 목마름의 깊이가 아득타
영등포역 맞은편 사창가 골목에서 눈이
마주친 여인의 웃음으로는 어림도 없다
종말을 말하자는 게 아니다
새로운 시간은
갈라 터진 목마름을 넘어
텅 빈 몸뚱이가 될 때라 읽었는데
아직 태풍이 오지 않는다
거센 바람과 빗줄기가
허공을 힘차게 가른 다음에야
엎힌 슬픔은 북받치는 울음이 되겠지만
어지러운 인간의 길은
범람한 강물이 투명하게 지우겠지만
태풍은 지금 적도 부근에서 끓고 있는가
짓밟힌 골짜기에서 몸 일으키고 있는가
차마 절망하지 못해서
아주 아프게 그러나 빗물에 씻긴 무화과나무 잎처럼

나를 멀리서 바라보고 있는가
목마름을 태울 새로운 목마름은
오늘을 절멸시킬 새로운 오늘은

냇물이 흐르는 쪽

물빛을 새긴 채 마음만 출렁이다
혼자 모래의 시간을 생각하네

당신이 짓는 미소 따라
상류 쪽을 돌아본 순간
물잠자리 날갯짓에
갈대 잎사귀가 흔들리는 건
아직 가지 못한 길이 나를 떠나지 않았기 때문

눈빛이 심장의 고동을 견디지 못할 때
구름이 바람의 힘을 긍정하게 될 때
사랑은, 오래된 기억을 다시 쓴다네
드디어 당신의 발목도 물결이 된다네

이루어야 할 것은 적멸이 아니라
물방개의 꿈을 옮겨 적는
냇물의 아픈 뼈마디라는 듯

휘어지고 또 휘어지는
그러나 범람하고 한 번 더 범람하는
냇물에게, 몸을 내주어야 한다는 듯

사랑은, 꼭 이렇게
속에 울음을 채우며
내일 쪽으로 흐르네
어제 쪽으로 흐르네

제 2 부

길

가자고 간 건 아니었지만
간 자리마다 허무 가득한 심연이다

떠나자고 떠난 건 아니었지만
두고 온 자리마다 가시덤불 무성한 통곡이다

지금껏 품은 뜻은 내 것이 아니었고
꾸었던 꿈도 내 소유가 아니었는데

지나온 길 위에 남긴 흔적에
왜 가슴은 식을 줄 모르는가

멈추자 해도 가야 하고
머물자 해도 떠나야 하는데

왜 설렘이고 번민인가
바람이고 생명인가

풀

아픔을 아픔이라 말하지 않고
절망을 절망이라 무릎 꿇지 않는다
승리를 승리라 환호하지 않고
사랑을 사랑이라 노래하지 않는다
비바람에 비바람을 맞고
먹구름에 먹구름을 품는다

시간을 시간이라 셈하지 않고
죽음을 죽음이라 두려워 않는다
삶을 삶이라 기뻐하지 않고
광야는 광야다, 어두워지지 않는다
아침은 까마득한 설렘이고
적막한 저녁에야 비로소 별자리다

단지 생활이 자라고
지독한 목숨이 자라고
그치지 않는 인연이 자란다
울음에서 웃음이 자라면

남루한 걸음도 자라고
방향 없는 바람도 자란다
밝은 고요도 이끼처럼 자란다

아름다운 꽃밭
—강정마을

가장 거대한 언어가 침묵이듯
가장 깊은 노래는,
구럼비 바위를 쉬지 않고 흔드는
바다의 영원한 혼잣말이네
그 의미 없는 몸짓 속에서
붉은발말똥게는 입술에 파도를 물고
따개비는 마을의 불빛을 켠다네
바람은 오름을 돌아 구름이 된다네
우리가 심해에서 엉금엉금 기어 나와
까마득한 시간을 살아오는 동안,
대지가 펄떡였고 비통이 지나갔네
물질을 멈추지 않는 동안
수평선은 언제나 격랑이었네
맑은 설움이 지상의 모든 소음을 지우고
끝내 출렁이는 바다가 된다는 믿음을
오직 저 구럼비 바위가 증명하듯
오늘도 바다는 뜻 모를 혼잣말이네
아물지 않은 아픔에 신의 숨결이 부네

그걸 들을 수 있는 영혼들만

아름다운 꽃밭이 된다네

허공을 양각陽刻하는 나비가 된다네

강가에서

우리는 유전자가 닮은 종족이다

지난밤 처연했던 몸부림도
버드나무 마을 앞에 다다르면
바람 따라 빛나는 웃음이 된다

모든 싸움은 외로운 것
두고 온 길도 몰아치던 눈보라도
욱신대는 흔적은
깊은 곳에 새겨두자

목적도 의미도 없이 흐르는,
우리는 한 어미의 자식이다

어제와 오늘이 다르듯
저물녘과 새벽녘이 다르듯
살과 살이 섞여

점점 깊어갈 뿐이다

외롭다는 말은 지금 뜨겁다는 것
빼앗긴 시간도 컴컴한 두려움도
번민하는 심장은
새로 태어나고 있는 중이다

넝마로 혹은 붉은 알몸으로
석양으로 아니 폭포로

바닥에 대하여

더위를 피해 맨바닥에 등을 눕혔더니
아침부터 등짝에 통증이 왔다
견디다 못해 파스를 떼내고
침까지 꽂았는데, 나는 몸의 통증이
이리 심한 조소인 걸 처음 알았다
딱딱하기만 한 바닥의 힘이
빨래 짜듯 몸을 비틀 수 있다는 게
새삼 신기하고 한편으론 무서워졌다
한시도 바닥을 떠나 살지 마라는 엄한 계명인가
이승의 모든 바닥을 마음 삼으란 말씀인가
바닥에 몸을 부리던 시절도
이제 훨훨 지났노라 부리던 여유가
사실은 타락이었던 거라 가슴을 쳤지만
아무래도 개운치 않아
어제 누운 방바닥을 돌아보니
살아 있는 건 내가 아니라
내 등을 받쳐주던 바닥이었다
나를 집어삼키고 뱉어내는 바닥이었다

무너지는 시간

길을 넓히겠다고, 길가에 말없이
한 이십 년은 서 있었음 직한 나무를
포클레인이 찍어내고 있다
나무는 굉음의 힘에 휘청대면서도
제 사는 데를 떠나지 않겠다지만
달팽이도 떠났고 황조롱이도 떠났고
제비꽃은 마을 전체가 사라졌음을
뿌리가 찢어지는 찰나에 깨달을 것이다
이제 침묵은 어디에서 빛날 것인가
넓어진 길을 따라 더 많은 소음과
더 깊어진 비애와 더 무거워진
가난이 흐르겠지만
나무가 뽑힌 자리를
아무도 기억하지 않는 시대가 왔다
길을 넓히겠다고, 초등학교 운동장 가까이까지
중장비 소리가 바짝 다가왔는데
나무는 어찌해볼 도리도 없이
제 대지를 후두둑 뜯기고 있다

인간의 길

고래의 길과
갯지렁이의 길과
너구리의 길과
딱정벌레의 길과
제비꽃의 길과
굴참나무의 길과
북방개개비의 길이 있고

드디어 인간의 길이 생겼다
그리고 인간의 길옆에
피투성이가 된 고양이가 버려져 있다

북방개개비의 길과
굴참나무의 길과
제비꽃의 길과
딱정벌레의 길과
너구리의 길과
갯지렁이의 길과

고래의 길이 사라지고

드디어 인간의 길만 남았다
그리고 인간의 길옆에
길 잃은 인간이 버려져 있다

희뿌연 벌레

벌레를 보면 진저리를 치는 아이들에게
나는 아무 할 말이 없다
오래된 업을 아직 씻지 못해서가 아니라
내 영혼의 귀퉁이에서 버글거리는
이름을 가지지 못한 벌레들에게
나도 몸을 내주지 못했기 때문
작은 방 구석진 곳이며 형광등 갓들에
줄을 쳐놓은 거미를 없애달라는 투정을
며칠을 못 버티고 들어주면서
마음은 깊은 백지가 되어버렸다
거미와 산 짧은 시간이, 단지
집 밖으로 내보낸대서 사라지는 것이 아님을
아이들도 언젠가는 알게 될 거라는
근거 없는 믿음 때문이었다
우리 또한 벌레에 불과하므로
더듬이와 여린 날개는 밤하늘의 것……
그러나 둥지를 떠나려는 새 새끼 같은 아이들의 눈빛은
내 안에 아직 남아 있고, 그 눈빛으로

무거운 슬픔을 살았으므로
사라질 수 없는 시간을
말없이 생활 밖으로 숨긴 것이다
저 별무리에서 잠시 이 별로 내보내진 우리도
목적 없는 희뿌연 벌레에 불과하므로

고속도로

속도는 속도와 관계하고
속도는 속도를 망각한다

도덕을 부수는 건 사랑이 아니고
속도가 된 지 오래인데

속도는 탐미주의를 닮았다
속도는 문명의 높이와 정비례한다

이제는
속도가 생활이고
속도가 사랑을 규정한다

고속도로 바닥에 피투성이로 버려진
짐승의 울음은, 그러므로

속도가 속도를
조금도 의심하지 않은 흔적이다

속도가 속도를 반성하지 않은
생생한 자기 증명이다

거리에 갇히다

거리에 갇혔다
물길과 산모롱이 돌아가는 오솔길과
뱃고동이 수평선을 향하던 뱃길과
새끼 뱀이 처음 나섰던 산길과
황조롱이가 맴돌던 하늘길이
사통팔달 시원하게 뻗은 이 거리에 갇혔다

아주 멀리 돌아온 내 길이
무릎으로 걸었던 울퉁불퉁한 어머니의 길이
혼란스레 파닥이는 아이들의 길이
자동차가 줄지어 선 이 거리에
어둠을 착취하는 불빛 가득한 이 거리에
사랑이 갇혔다

너구리가 달리던 들판이 갇혔다
어린 꿩의 눈에 담긴 먼 산이 갇혔다
모래무지가 내쫓기고 냇물이 갇혔다
수양버들이 베어지고 강물이 갇혔다

대지가,
생명이 갇혔다

8월

바람에 흔들리는 8월의 숲은
처음 보는 여자의 머릿단 같다
이건 물론 내 느낌일 뿐이지만
언젠가 모르게 내면이 되어버린
사건 없이, 뜨거운 태양이 있겠는가
사소한 몸살도 당신과 마주친 흔적이었다
쓰나미 이후에 남은 문명의 쓰레기가
우리를 어지럽게 할 때
그건 우리가 거품을 마시고 셈하며
하루하루를 연명해왔기 때문
어젯밤 얼굴을 붉히며 웃던
매끄러운 허벅지의 틈새에서
더더욱 믿음이 단단해졌다
그러니까 사랑은, 8월의 숲처럼
바람에 빠짐없이 소스라칠 것!
이렇게 나는 나이를 먹고
눈물을 다시 배운다

왜냐면 오늘은 처서 전날이고
후회는 현재를 더럽히므로—

강

흘러 다니던 어머니의 길이 멈춘 곳은
새 떼가 박차고 날아오르는 강기슭이었다
말하자면 어머니는
고단한 냇물이었던 것
나는 그 설움으로 태어났고
저물도록 강가를 떠돌다
아직도 돌이킬 수 없는 피가 흐른다
누구는 강에서 평화를 읽고
누구는 유장한 삶을 비유하지만
내게는 몸 안에서 울부짖는 심연이다
봄비 그친 후 자란
강안의 풀이나 흔들리는 꽃송이,
여울목 한가운데 작은 바위마저도
사랑이고 끝나지 않은 배회고
가슴 가득한 비애이어서
나 또한 흐르는 강물이다
파헤쳐진 어머니의 머리맡에서 우는

제 3 부

잠들지 않는 생활

내 생활이 좀체 잠들지 않는다
이게 무슨 자랑이나 내세울 근황은 아니지만
늦게 귀가한 밤에도 우리 집은
아직 불이 밝다
사랑이든 시든 어두컴컴한 절벽이어야 할 텐데
어째서 내게는 밝디밝은 구렁텅이만
허락되는 것일까
생활은 나더러 늘 밝게 살라 하지만
존재의 깊은 그늘마저
농담이 되는 시절이 왔다
잠들지 않는 건 물론 생활뿐만이 아니다
그래서 조금씩 허무를 학습하고 있지만
바람이 거세도록 몸을 펼치는 새여,
잠들 수 없는 이 작은 집은
내게 고독을 가르치므로 강줄기만
어둠 아래 아득하구나
심장이 부스러지는 운명처럼 혹은
내 안에 머물지 않는 사랑처럼

만국의 노동자여, 분열하자

견디기 힘든 깊은 간극이
우리 내부에 있다

버리지 못해 앓고 있는 관능과
초과 전류가 흘러 뜨거워진
미간이 뒤섞여 있다
함께 밥을 먹어도
불투명한 건 미래만이 아니다
오지 않은 건 평화만이 아니다

찢겨져버린 시간이
우리 영혼에 부어졌다
비겁한 뒷걸음질과
더 갖고 싶은 욕망이
함께 부르는 노래 속에 뒤섞여 있다

우리 이제 분열하자
만국의 노동자여, 분열하자

하나에서 여럿으로
소음에서 새벽으로
거리에서 냇물로, 분열하자
광야로 산허리로
다리를 절룩이는 비둘기로

거친 모래알처럼 도끼에
쪼개진 마른 장작처럼
병든 새끼를 버리고 떠나는
굶주린 암사자처럼
어둔 허공으로 사라지는 불티처럼
활활 분열하자

비 그치면 우북해지는
허리 아픔이 되자
그 위로 부는 바람이 되자

공장 밖이 위험하다

공장 밖이 위험하다
시너와 휘발유가 가득 쌓인 공장보다
웃음과 활기가 넘치는 공장 밖이
늙으신 어머니가 보내준 택배 수화물이
기다리는 공장 밖이 더 위험하다

차별과 주야 맞교대와
푼돈 같은 급여와 늘 실적을 을러대는
멈추지 않는 라인 앞에 서면
차라리 고통을 잊을 수 있는데
공장 밖만 생각하면 식은땀 나는 악몽이다

이게 임금노예가 되어버린 징표라고
명징한 언어를 내 심장에 쏟아붓지 마라

공장 밖은 욕망이 매매되고
거듭되는 실패와 그다음의 구걸과
폐수 같은 시간이 흐르고 있지만

포클레인이 지나갈 재개발과
협잡과 투기와 탐욕이 넘쳐나고 있지만

시너와 휘발유는 공장 안에 있다
지게차와 공구 상자도 공장 안에 있다
오랜 교대 근무로 빛깔이 변한
몸뚱이들도 공장 안에 있다

그리고 참을 만큼 참은 개새끼도 있다

지금 공장 밖이 위험하다
움켜쥘 게 아무것도 없는,
저 공장 밖이 더 위험하다
버려지면 곧바로 잊히는
저 공장 밖이

우리는 이렇게 왔다
— GM대우자동차 비정규직 노동자 투쟁에 부쳐

우리는 이승에 하나의 목숨으로 왔다
어머니의 맥박을 통해 새긴 누대의 설움을 품고 왔다
매서운 칼바람과 등뼈를 휩쓸고 지나가는
온갖 차별과 배제를 감당하러 왔다
오지 않은 시간이 까마득한 허방임을 알고 왔다
쓰다가 버려지는 숙명을 잊지 않고 왔다

우리는 이승에 어머니의 통곡으로 왔다
고향을 버리고 떠나야 하는 비애를 견디며 왔다
아주 잠깐 허용된 사랑과 약속을 믿고 왔다
폐기 처리된 시간을 녹이는 용광로의 눈을 가진
거대한 목숨으로, 일렁이는 불길로 왔다
구름과 눈송이와 마른 풀잎과 아이의 웃음과
떨리는 입맞춤을 끝내 완성하려 왔다

아! 빈손으로 왔다
뜨거운 맨몸으로 왔다
아무 계산 없이 왔다

아무것도 가지지 않기 위해 왔다
시퍼런 잎새 하나 피우러 왔다
함께 살자고 왔다

그러나 울면서 왔고
얼굴 벌게지도록 웃으면서 왔고
밤하늘에 빛나는 별빛으로 왔고
막막한 고공농성 속에서 부르는
노래가 되기 위해 왔고
광활한 대지가 되기 위해 왔다

우리 모두를 해방시키려
우리는 이승에 왔다

잃어버린 다이너마이트

이명박을 찍고 나서 이명박을 욕하는 소리를
술집에 혼자 앉아 듣고 있으면
민주노총을 탈퇴하겠다던 어느 대기업 노조가 생각난다
내게는 노동조합 사무실에 다이너마이트가
몰래 숨겨져 있다고 믿었던 과거가 있다
그게 뜨거운 희망이었던 적이 있다
이명박을 찍고 나서 이명박을 욕하는 옆자리의 사내는
반듯한 차림새에 교양도 있어 뵈는데
제 몸을 파는 건 집창촌 창부가 아니다
차라리 그들은 뭇 사내들의 손길을 받으며
이를 갈고 있을지도 모른다 밤마다 몸을 더럽히며
영혼의 순금을 기르고 있는지도 모른다
어쨌든 뇌관이 제거된 분노나
폭발점을 자발적으로 갖다 바친 삶에게
나는 어떤 땡깡도 노래도 기대하지 않는다
차라리 경찰들에게 아득바득 대드는
노점상 아줌마들의 무식은 어떨까

밤새 꿉꿉했던 아파트 경비실에서 나와
깊게 눌러쓴 모자챙에 빛나는 아침 햇살은 어떨까

마지막 남겨진 말

유언이라 할 수도 없는 말이 있다
변호사나 성공한 자식이 받아 적기에는
너무 뜨거운 말이 있다

듣는 이를 텅 비워버리는 말이 있다
오지 않은 시간에 대한 당부가 아니라
고통스런 현재를 아주 힘겹게 전해주는 말
그러나 살아갈 사람들의 미래를
예언해주는 말

20년 전기공이 합선시킨 7000볼트짜리 말
화물트럭 운전기사가 브레이크를 필사적으로 밟던
5톤이 훨씬 넘어서는 말
해고된 노동자가 30년간 흐느끼며 삭혀온 말
지금 그런 말들이 흘러넘치고 있다

심오한 침묵마저 깨뜨리는 말들이
우리를 휘감고 있다

제 몸을 시커먼 잿더미로 만들어야
겨우 할 수 있는 말이 있다
유언이라 부르기에는 너무 비통한 말
길거리에서
쫓겨난 공장 밖에서
밀어도 열리지 않는 벽 앞에서

마지막으로 남겨진 말이 있다

2008년 6월에 쓴 시

드디어 은행 잔고가 텅 비게 되었다
야간의 술값과 책값과 늦은 밤 차비를 위해
아내 몰래 숨겨놓은 돈을, 다 건네주고 나서
나는 허공이 되었다
구름이 되었다 바람이
맨몸을 휘감았다
도덕적 양심을 되찾은 게 아니라
지금 거리에서 일렁이는 함성이 된 것이다
꺼져버렸다 느꼈던 생명의 물길이
고작 아내 몰래 빼돌린 돈 몇 푼마저
다 휩쓸어가버린 것이다
나는 그것을 투쟁 기금으로 내놓지 못한 것이 하나도
부끄럽지 않다
영혼에 가득 차 있던, 돈을 어떻게 쓸까 하는
자잘한 계산을 차버린 게 더 뿌듯할 뿐이다
이 싸움이 어떻게 될 것인가 하는 걱정과
의심과 회의를 말끔히 지워버린 게 기쁠 뿐이다
잎사귀 한 장도 너저분한 계산 따위로는

어림없는 법, 생살을 비집고 들어오는 믿음을
비가 쏟아지는 거리의 함성 속에서 얻었다
아이놈 약값과 아내가 꾸려야 할 살림에
나는 사심 없이 항복한 것이다
물론 어젯밤 몰래 쓴 일부에 대한 기억은
아직 지워지지 않았지만
저 맑은 노래와 외침과 발걸음들이
어떤 끝을 이뤄낼지 내게는 어림없지만

싸움의 끝

내게 싸움 중의 싸움이라면
하굣길 동네 여자애들 괴롭힌다고, 아랫마을 형에게
겁 없이 대든 일이다
구석에 몰려 되게 맞았고, 나는 그를
한 대도 때리지 못한 채 코피를 흘리며
동네 뒷산을 혼자 넘어와서
강줄기를 바라봤었다
지금도 싸움을 멈추지 못하고 있지만, 사실은
사소한 싸움 하나 제대로 못 하는 게 맞다
모든 일에 이해관계가 생기고
힘의 우열을 남몰래 재보게 되고
하물며 아내하고 싸울 때도
작은 방에 처박혀 책을 읽는 척하는
새끼들이 자꾸 마음에 걸린다
이래서는 어떤 싸움도 더러워진다
전리품을 얻기 위해 싸우고
자리를 바꿔 앉기 위해 싸우고
싸움 이후를 먼저 생각하며 싸우는 일은

그래서 역겨운 것이다
기쁨도 설움도 내 것으로 하는 싸움을 해야 하는데
그러면 정말 싸움을 끝낼 수도 있을 것 같은데
이제는 싸움 자체가 두려워졌다 싸움 이후에
열세 살 적 강물이 보이지 않는다

죽음에게는 먼저*

죽음에게는 죽음에 합당한 예가 있어야 한다
맞아 죽었건 빠져 죽었건 행복하게
지난 시간을 한 번 더 되살다 죽었건
죽음에게는 죽음에 합당한
산 자의 예의가 보태져야 한다
그게 애통이든 극락왕생에 대한 기원이든
차라리 잘 가셨네, 하는 체념이든
죽음에 대한 예의가 곧 산 자의 삶이다
그런데 이제 죽음도 장사가 되고 정치가 되고
타락한 언어의 진지가 되는 세상이 되었다지만
삶의 끄트머리에 매달린 사람들을 아예 밀어 죽이고도,
태워 죽이고 패 죽이고도, 법이나 들먹이고
사회의 질서나 떠벌이고 국가의 안녕을 핑계 대는
잔인한 웃음들이 자라고 있다
법률의 이름으로
경제의 이름으로
국가의 이름으로
죽음에 합당치 못한 무례가 넘쳐나고 있다

죽음에게는 먼저 진창인 마음을 여미는
산 자의 염치와 겸손이 있어야 하는데
죽인 자의 자책과 통곡이 있어야 하는데
아버지께 혼나는 탕자의 눈물 바람이 있어야 하는데

*2009년 1월 20일 새벽 용산에서 망루에 올라 재개발에 반대하던 세입자 5명과 경찰관 1명이 경찰특공대의 진압 과정에서 불에 타 숨졌다. 화염이 치솟는 가운데 철거민 한 명이 "여기 사람이 있다!"라고 외쳤으나…….

심장의 빛깔

심장이 붉다라는 말은
이제는 한갓 농담이거나 낭만적
수사에 지나지 않는다
어떤 심장은 분명 푸르스름한 병색이고
또 어떤 심장은, 시커멓게 탄 솥 바닥이다
제 심장을 밖으로 내보이지 못한대서
심장의 빛깔은 모두 붉은 거라
말하는 자는 몽매하거나 아니면
정신이 컴컴한 자가 분명하다
한 편의 희극만도 못한 조소다
다른 데는 잘 몰라도,
병든 심장들이 주위에 지천이다
나는 그들과 악수를 하고 함께 밥을 먹고
술잔을 기울이고 한탄도 한다
상해버린 심장을 서로 맞대어본다
겨뤄보기 위해서가 아니라 슬픔을
조금이나마 덜어보기 위한 몸부림이지만
벌겋던 심장을 망쳐놓은 원인이

무엇이라는 것도 모르지 않지만
우선 제 심장에 남은 마지막 안간힘을
한 번 더 확인해보는 것이다

제4부

우리의 희망

우리가 가져야 할 희망이
저 공장 안에 있을 거라는 믿음은
사실은 우리의 것이 아니다
그것은 학교 문턱을 넘자마자 주입되었고
학교를 마치자마자 강화되었고
이 공장 저 공장을 기웃거리다 절박해졌고
야근에 특근에 교대근무에 성희롱에
구조조정에 명예퇴직에 정리해고에
무엇보다 은행 대출이자에 새끼들 학원비에
거대한 신화가 되어버렸다

비루한 생활을 부스러기처럼 분배받으며
시혜처럼 쥐어주는 성과급에 머리 조아리며
함께 일하던 친구를 공장 밖으로 내쫓으며
어느새 신앙고백을 해야 할 교리가 되었다

우리의 희망이, 저 공장 안에서 돌아가는 기계처럼
누군가 규정해놓은 시간처럼

대지와 숲과 냇물에 넘쳐나는 쓰레기처럼
어떤 설렘도 노래도 기도도 아니라면
생존을 위한 왜소한 안정이라면
정년이 보장된 정규직이라면

우리도 구제역에 걸린 가축일 뿐,

희망은 보수가 아니다
희망은 미래가 아니다
희망은 합의서에 찍은 도장이 아니다
희망은 풍요도 아니고
희망은 가닿지 못할 헛꿈도 아니다

다만 웃음을 웃음으로 꽃피게 하고
슬픔을 슬픔으로 바람 불게 하고
아픔을 아픔으로 물들게 하고
입맞춤을 입맞춤으로 눈 내리게 하는 것
제 몸이 대지가 되는 것

푸른 하늘에 종달새가 나는 것!

우리가 가져야 할 희망이라는 게
우리를 버린 울타리 안에 있을 거란 믿음은
정녕 하나의 맹목일 뿐이다
사악한 이념일 뿐이다
오랫동안 견고해진 속임수일 뿐이다
속지 않으면 살 수 없을 것 같은
질환일 뿐이다

저들이 우리에게 강매한 상품일 뿐이다

전라도

아들은 제 고향이 경기도라 하고
술 취한 나는 전라도라 가르친다
어릴 때 배웠던 애향심 때문이 아니다
아직 다 씻지 못한 설음 때문도 아니다
이제는 머리통이 컸다고 물러서지 않고 우기지만
아들아, 네가 모르는 한을 가지라는 게 아니다
만경강 상류의 바람을 기억하라는 게 아니다
전라도는 더 이상 남도 땅이 아니고
피가 방탕한 자이거나
가진 게 울뚝밸밖에 없는 자이거나
늙어빠진 접대부이거나
비정규직이다
엄마도 아빠도 전라도서 났으니
아들놈 고향도 당연히 전라도라 말하는,
지금은 그 이상을 가르치지 못하는
내 심사를 이 여드름투성이는 모른다
태어난 곳이 고향이라 배워서
고향을 떠나 이제껏 떠돈 애비를 두어서

어서 빨리 경기도를 제 심중으로 삼아야겠지만
아들아, 너무 뜨거워
발붙이면 번개가 내리꽂히는 곳이 전라도란다
까닭을 모르겠는 땡깡이
온몸에 뒤집어쓴 비웃음이
사라지지 않는 차별이 우리들 고향이란다
네가 물려받을까 몰라서
부리는 오늘 밤의 이 주사가 바로 그것이란다!

더러운 시

정치시라면 한때 넌더리를 낸 적도 있지만
정치가 더러우니 정치시는
정치와 무관한 언어로 써야 한다는
나의 무지를 조롱하는 언어 앞에서
나는 너저분한 생활을 변명 삼았다
타락마저 엉거주춤 일삼은 시간이
어떻게 시가 될 수 있을 것인가
일주일째 우리 부부는 침묵 중이다
허무를 모르는 어떤 주장도 신뢰하지 않기 때문이다
나도 정치가 더러운 것이라 배운 탓에
지금껏 분노는 알았지만, 식구들의 눈에는
단지 허름한 가장이었을 뿐
그러나 더러운 게 피가 된다
볕이 꺼지는 순간에야 사랑은 시작된다
박사학위 논문 장정처럼 모호한 이야기를
내가 이해하지 못하는 건,
그러므로 욕은 아니다
다만 이제 멋진 정치시를 쓸 나이가 되었는데

아직 진창을 모른다
이미 진창인데 아니라고 변명한다
그래서 핏물이 밴 정치시 한 줄 못 쓴다
끝내 왕성되지 못할 정치시를
아내의 외면도 너끈히 견뎌내는
더러운 시를—

집구석

어머니가 의부에게 맞을 때
눈물 바람으로 되뇌던 말은
'이놈의 집구석에 내가 와서……'였다
지금이야 집은 재산 목록 1호
만만찮은 부도 남겨주고 어리숙한 이에게는
산더미 같은 빚도 쥐어주지만
집이 구석이 아니고
하늘에 뜬 별인 적이 있긴 있었던가
그러나 벌건 새끼가 입 벌리고 있는 새 둥지가
비극이라고는 생각지 않는다
사람에게만 집이 구석인지
아니면 삶의 퇴화를 집에 뒤집어씌우는 건지
정말 모르겠지만
우리에게 집은 여전히 구석일 뿐
한 번도 빛나지 못했던 건 사실이다
심지어 마음마저 폐가 아닌가
수억에 거래되는 매물이 집구석이긴 만무할 테고
유전되는 건 그것이 아니라 집구석이다

씻기지 않은 어머니의 멍이다
그게 나를 꽃피울 듯 말 듯
울게 할 듯 웃게 할 듯 서성이게 한다

악몽

제대한 지 이십 년이 되었는데도
어젯밤 다시, 바람도 매서운 철원 땅이다
중학교에 다니는 아들놈에게
편지를 쓰며, 내용보다 먼저 가슴이 아렸던 건
실제로 내 몸이 아직 병영 속에서
살고 있다는 감각을 버리지 못해서일까
이제 더 가고 싶지 않은데
잊을 만하면 징집영장이 나를 끌고 가거나
제대하고 싶은데 누군가 가로막거나
왜 또 군에 가야 하느냐는 항변을
개정된 법을 들먹이며 제압해온다
대낮에 군복 입고 거리를 활보하던 사내들 때문인지
국제회의를 핑계로 거리에 넘치는 경찰들 때문인지
국가는, 나를 개조하지 못해 안달이다
폭력은, 나를 숙주 삼지 못해 발광이다
아내도 자식도, 그리고 시도
모두 국가 밖에 있는데
복무규정 암기를 해이해진 기강 확립을

'찔러 총!'을 어느새 내게 이식시킨 게 분명하다
군대를 제대한 지 이십 년이 되었지만
지금껏 국가를 벗어나지 못한 게 분명하다
결코 놔주지 않겠다는 게 확실하다

육 년 동안

무려 육 년 동안의 농성이
가까스로 타협안에 도장을 찍었다는 소식을
부끄럽게 전해 받은 다음다음 날
얼토당토않은 추위가 두꺼운 옷을 끄집어냈다
아직 단풍도 절정을 느끼지 못했는데
우리는 이렇게 두려움을 산다
부당해고 철회하고 정규직으로 직접 채용하라던
육 년 동안의 비바람이 끝났는데도
나는 왜 술잔 든 손을 떠는 걸까
내게 단 일주일간의 농성 경험도 없어서일까
눈보라 한가운데 같은 투쟁이 없어서일까
술값을 제하기 전에도 가난했지만
정확히 오 년 십 개월 째 정규직인데도
부당해고에 맞선 육 년 동안의 농성이 마침표를 찍었는데도
우리는 변함없이 부당하게 왜소한 것이다
투사가 아닐 때는 나 같은 분열자가 된다는 걸,
육 년 동안 차츰차츰 깨달은 것이다

오 년 넘게 정규직인 내 비애를
다짐과 회의를 수없이 반복했던 내 식의 농성을
손을 떨게 하는 우리의 미래를

새해 아침에

이런 날에는 밝은 덕담을 나누며
이뤄야 할 것과
가져야 할 것과
빛이 나는 것을 한 아름
안겨줘야 하는 걸 잘 안다

부디 이런 날에는 복을 가까이 앉히고
피해야 할 것과
잊어야 할 것과
어두컴컴한 것은 한 묶음
문밖 모르는 이야기로 삼아야 한다는 것을
나는 오래 들어왔다

창밖 마른 가지를 보며
곧 다가올 봄과
끝나지 않은 목숨과
찬 바람을 한 아름 받아들여
마음을 밝혀야 하는 까닭도

어젯밤을 새워 새겼으나

어느새 고난에 익숙해진 나는,
복과 성공과 빛남을 모르겠다
뼈저린 시간과 타락과 오류가 남긴 흉터만
변함없이 끓고 있다
좀 더 가야 할 참극만 남아 있다

오, 신음 같은 사랑이 울먹이고 있다

죽음들

귀신 따위는 믿지 않던 내게도
얼굴의 핏기를 싹 빼앗긴 이들이
매일매일 찾아온다

반복은, 심장을 두려움으로
천천히 진화시키는 힘인가

하얀 알약을 한 움큼 털어 먹고 죽고
유독가스를 울음처럼 홀쩍이다 죽고
일가족을 태운 채 강물에 뛰어들어 죽고
고전적으로 공중에 목을 매단
숱한 죽음들이, 조간신문처럼
꼭 눈을 뜨면 찾아온다

전쟁을 치른 어머니의 공포가
유전된 것도 아닐 텐데
심지어 맞아 죽고
까마득한 절벽 아래로 떠밀려 죽고

몽땅 방화된 죽음도 섞여 있다

비슷비슷한 내력으로
별다른 게 없는 설움으로
굴욕에 무너진 식은땀으로
자꾸 내 삶에 부벼대는 것이다

오늘은 부산의 조선소에서
어제는 집에서 멀지 않은 전자공장에서
그제는 강 건너 허름한 재개발 지역에서
그리고 물고기가 모여 사는 냇물에서

식어버린 몸들이 매일매일 찾아온다

묘비명

출근 마지막 날 책상 정리를 하다가
명함첩에 다 끼워 넣지 못한 명함 더미를
손에 가득 쥐고 되살펴본다

어느 술자리였는지 남은 불씨 때문에
담배 연기가 죽지 않은 재떨이 근처였는지
넥타이 색깔이 무엇이었는지
결국 이해관계가 있었는지 없었는지
조각난 시간을 누더기 삼은 심정으로

한 장 한 장 넘겨보는 명함 속의 이름이
전화번호가, 회사 이름이
마치 모르는 자의 묘비명 같다

거래 없이 존재할 수 있는 시대가 아닌 것을
새삼스레 역류하는 위액처럼 씹으면서
나 또한 실체 없는 유령으로 살아가고 있음을
웃고 악수하고 돌아선 뒤에

누군가의 서랍에 처박힌 명함 한 장에 지나지 않음을

결국 이탈하지 못한 채 자리만 바꿔 앉으려
버릴 것과 취할 것을 고르면서
아무 반성이 없다
어떤 통증도 없다

몸마저 증발한 꽃처럼
심장이 사라진 눈빛처럼

노래에 대하여

노래는 입 모양을 동그랗게 하고
목젖을 훤히 보이며 부르는 게 아니다
노래는 어둠이 물결이 될 때까지
혼자 밤길을 걸으며 부르는 것

하모니를 이루며 웅장하게 부르는 건
노래가 아니고
國歌다

노래는 다 잃은 당신 가슴에다
꺽꺽 가락을 묻는 것
그래야 거친 벌판에 부는 바람이 된다
지금껏 쌓아둔 누더기가 화장된다

노래는 손 모양을 가지런히 하고
말끔하게 옮겨진 악보 따라 부르는 게 아니다

내가 당신을 만나 회오리가 되듯

공포를 뒤집어쓴 시간이 방언이 되듯
모멸로 타들어간 입술이
다만 한 방울 물처럼 달싹이듯
깊이 파인 눈빛에서 또 패배를 절감하듯

노래는
버림받은 영혼의 말더듬이다
언어를 빼앗긴 농성이다

그 후에 남은
칠삭둥이 민들레다

제 5 부

꽃

꽃은 내가 모르는
어두운 세계에서 오고
나라는 의미는 꽃이 피운 것

그러나 동시에 무지이므로
나는 첩첩산중의 불빛 한 점,
위태로운 숨결이다

여기까지 온 것도
꽃의 침묵,
그게 나를 떠나게 한다

나를 머물게 한다

그리고 저물게 한다

詩

한 서너 발자국 멀어지는 일이
당신의 영혼에 가시 울타리를 치는
잔인한 짓이었으면 좋겠다

태풍은 곧 도착하겠지만
휘몰아치는 건 바람이 아니라
싸늘한 불길이었으면 좋겠다

그러나 우린 아무것도 모르고,
알아도 안다는 사실을 다 잊을 때
어리석음도 또한 뜨거운 현기증

당신과 떨어져 있는 지금이
메우지 못할 심연이라면
나의 언어는 머지않아 무너질 테고
당신의 아픔은 끝내 아물지 않을 것이니
내일, 새벽이 번하게 밝을 것이다

허무는 더더욱
찬란해질 것이다

그 광휘의 흑점에 눈을 맞출 때
두어 발자국 더 돌아선 내 마음은
당신의 상처 위에 번지는
바람 같은 웃음이었으면 좋겠다

냇물

흘러가는 냇물을 보아라
얼굴이 없는 시간을 보아라
바람 따라 흐느끼는
버드나무 그림자를 보아라

흘러오는 냇물을 보아라
물잠자리가 떠나지 않는 생명의 수프를 보아라
물새의 눈빛만으로도 허물어졌다
다시 태어나는 모래섬을 보아라

소용돌이치는 냇물을 보아라
물결을 제 몸에 새기는 돌멩이를 보아라
허리가 부러진 꽃송이가
제 씨를 허공에 내보내는 안간힘을 보아라

가는 것도 없고 오는 것도 없는 냇물을 보아라
머물렀다 떠나는 햇빛을 보아라
떠났다 다시 오는 어둠을 보아라

단지 출렁이고 출렁이는

뜨거운 번뇌를 보아라

무화과나무로부터

버리라는 무화과나무를, 나의 과거를 돌아보듯
아파트 화단 귀퉁이에 옮겨 심었다
제비꽃과 노란 민들레와 냉이꽃 들에게
인사시키고 뒤돌아섰다 그 후 흙비 내리고
감기에 보름 동안 몸을 내준 다음에
나를 유혹하던 돈을 놓치고 난 다음에
낡은 외투를 간신히 다시 입어보니
무화과나무 옆에 새로운 꽃이
마치 떠나는 길에 퍼지는 먼동처럼 피었다
여태껏 배운 이름을 다 잊으리라
슬픔을 부르던 노래도 버리리라
무화과나무 새잎이 떨고 있었다
아직 마지막에 도달한 것도 아닌데
버리는 일은 이토록 가슴 가득한 일이라는 듯
눈길 한번 주지 않은 목숨들도
언제나 생생히 생활을 꾸리고 있었다
나의 과거를 돌아보듯, 버리라는 울음을
보이지 않는 곳에 몰래 심었다

저녁노을이 버리는 일의 의미를 다시 물었다

소음의 정체

이제 내 온몸을 휘감고 있는 소음의 정체를 알았네
마음 한가운데 경건한 탑이 없어서도 아니고
베란다 창문을 기웃거리던 벚나무가
어느 날 베어져버린 허무도 그 까닭이 아니네
나는 너무 맹렬히 달려왔고, 속도를
속도가 생산하는 가치를 은연중에 신뢰했네
가냘픈 길 아래 냇물이 중얼거리는 소리보다
어젯밤에 생긴 내면의 웅덩이를
들여다보며 세상을 품으려는 번민보다
고통 없는 즐거움과 해찰 없는 진보를
입고 마시고 셈하며 지금껏 살아왔네
거리를 걸을 때도 일을 할 때도
시를 쓸 때도 사랑에 간절해질 때도
도대체 뭉게구름이 없었네 구월 바다를
가득 채운 제자리걸음이 없었네
줄 맞춰 소풍 가는 코스모스를 빠르게 지나쳤네
이제 나의 온몸에 퍼져 있는 소음의 정체를 알았네
아팠던 관절이 바람에 열렸네

뜨거운 관능이 불었네

먼지

우리는 먼지로 이루어진 존재다
연애라는 먼지 햇볕이라는 먼지
눈가에 머무는 꽃잎이라는 먼지

그래서 먼지를 마시고
먼지를 세고 먼지 가득한 가방을 들고
먼지투성이인 현관문을 나선다
당신과 잠깐 나눠 가졌던 입술도
다 먼지처럼 사라져버렸다

뜨거움도 식으면 먼지가 되고
세상이 정전되어 털썩 주저앉을 때
허공을 나는 것도 먼지다

그러니까 칠 년이나 산 집에
먼지만 가득하다 상심하지 말아다오

자고 일어나서 남긴 것도 뿌연 먼지뿐

아무것도 아닌 먼지 탈탈 털어보면
바람 따라 눈앞에서 사라지는 먼지
사라졌다 다시 나타나는 먼지

그게 바로 우리의 부분들이고
또 돌아가게 될 미래다

자화상

나는 아직 적멸을 모르는데
아픔이 미세한 먼지처럼
왼쪽 어금니에서 오른쪽 어금니로
작은 기침에서 점점 뜨거워지는 몸살로
천천히 몸의 빛깔이 변해간다

가슴에 쌓인 원한의 무게를
한 줌이라도 덜어내자 했는데
책상 서랍에는 계통 없이 약봉지만 쌓여간다
방향 없는 집착만
이 병원 저 병원에서 처방받아왔다

나는 아직 혁명을 모르는데 세상일에
조금씩 깊어가는 염증이
어제에서 오늘로 집에서 직장으로
술집에서 거리로 소리 없이
소리 없이 번져간다

너무 오래 나를 바로 보지 못했다

나는 깊이 균열되어 있는데
나는 정작 가짜도 진짜도 아닌데
오래된 바람인데 흙탕물인데
골목길 벌건 웃음인데

입동

낙엽도 이제 끝이 보인다

감빛 시간이 홀로 켜진 상태를
나는 고독이라 부르기로 했다
지난밤의 누추한 광기로부터
날이 밝으면 다시 고쳐 입을 옷매무새로부터

깊이 떨어져 있기로 했다

시간을 셈하지 않고
지는 싸움에 전력하는 눈빛을
이제 고독이라 부르기로 했다

가는 사랑과 오고 있는 사랑 사이에서
떠난 잎새와 남은 잎새가
남긴 파문 가운데서
슬픔을 더 많이 갖기로 했다

선도 악도 사라진 얼굴을 문지를 수 있는
거친 손바닥을 갖기로 했다

나도 그만 겨울이 되기로 했다

더부살이하는 책

끝내 몸 둘 곳 정하지 못한 것처럼
버리고 남은 책을, 그릇장 빈 곳에
조심조심 꽂아두었다
물론 이마저도 아내의 허락이 떨어진 순간에
이루어진 의탁이었지만
몸 둘 곳 없으니 마음 또한 여기저기
물색없이 기웃거리듯, 꽂힌 책들이
민망하게 어수선하다
그렇게 놔둔 지가 두 달이나 지났는데
나는 이제 내 책에 아무 관심이 없다
목적이 없고 특히 경외가 없다
속아 산 건 이뿐만이 아니니
억울함을 말하기엔 오늘은 어둠이 너무 깊다
버린 건 때 지난 유행이 아니라
내 가장 비릿한 속살들이었다
그러니까 그릇장에 꽂아둔 것은 빽빽한 허위뿐,
더 이상 속지 말아야 할 터인데
속지 않으면 속이게 된다는 것을

속이게 되면 바꿀 수 없다는 것을
몸 둘 곳 정하지 못한 책들이 말해주고 있다
그걸 두 달이나 지나서야 알았다

오어사

가버린 건 시간이었고
계곡에서 흘러오는 것도 시간이다
대웅전 옆 배롱나무 꽃빛 따라
건너야 할 물길 앞에서도
나는 자꾸 후미였다
망설이며 외로웠다

가버린 건 사랑이었고
먹구름처럼 다가오는 것도 사랑이다
욕망이란 한낱 부유하는 풍문이라는 듯
몸부림을 치고 난 다음에도
나는 여전히 혼자였다 언제나
지나간 사랑과 다시 오는 사랑 사이였다

가버린 건 꿈이었고
아직도 물가를 서성이는 그리움이 찾아왔다
꺼지지 않은 마음 위로
늙은 잉어가 입을 벙긋거릴 때

깨달음은 게으른 중의 장삼 자락이었다
오류가 내 생활이었다

이십 년 동안
오어사,
변하지 않은 건 물빛만이 아니었다
변해버린 건 단청만이 아니었다

아픔이 부쩍 는 고독 또한 빛나고 있었다

아프지도 않고

아프지도 않고 햇볕 가득한 잎사귀를 본다
아프지도 않고
멀리 있는 당신을 생각한다
아파도 닿을 수 없는 거리인데,

아무런 장애도 없이
깨어진 뼈마디도 없이
잃어버린 시간 한 걸음 없이
노래를 부르고
꽃가루가 잔뜩 묻은, 벌을 본다

그나마 남은 아픔에게
어젯밤 약을 마저 털어 넣고
내 안에서 몸부림치는 벌레를 본다
안도의 눈빛으로 본다

아프지도 않고
아픔을 말끔히 박멸하고

아픈 당신을

아프지도 않은 내가 부른다

살을 앓다

몸이 흐른다
물길인가 불길인가
섬뜩한 바람의 아우성인가
너무도 다른 시간들이
몸을 이곳저곳 가르고 있다
쫓기던 기억들과 혼자 울던 담벼락 아래가
떠나지 않고 몸 안에서 부유하다니
한낱의 눈송이가 겨울 하늘을 이루듯
몸은 언제든 녹아내릴 수 있는 건가
역사나 국가 이전에
뜨겁고 고요하게 냉철하게 맹렬하게
몸을 헤치고 흐르려는 것의 정체를
지금 몸이 앓고 있다
혼미한 신음을 노래하고 있다
그러나 사랑은 몸이 쪼개지는 만큼 찾아오고
그렇게 불면도 몸 안에 머무는 것
이 누더기의 바늘땀이 풀릴까
식은땀이 아득하다

한 매듭 짓겠다는 아픔이
너무 어지럽다

벽

벽이 꼭 길을 막는 것은 아니다
벽이 꼭 마음을 가두는 것은 아니다

둘러보니 모두 벽이라고
나 혼자 무릎 꿇고 때로는
좌절을 들키지 않으려 거짓 웃음을 지었지만
벽이 언제나 사랑을
저 멀리 버리는 것은 아니다

벽 앞에서 시간은 맴돌 뿐이라지만
벽을 보며 슬픔의 정체를 알게 된다지만
벽 때문에 벽이 짓는 미소를
송두리째 의심하게 되었지만 벽은
벽 너머를 넌지시 일러준다
벽은 벽이 가진 진실을
곰팡이처럼 내게 번식시킨다

벽이 꼭 생활을 배신하는 건 아니다

내가 쌓은 벽을 벽이 가리켜준다
나를 점점 삼키는 벽의 그림자에
길이 되는 계시가 번뜩인다

벽이, 안에 있는 나와
밖에 있는 나를 흐르게 한다

해설

침묵과 심연

고봉준 · 문학평론가

1

황규관의 시에는 언제나 '노동시'라는 꼬리표가 따라다닌다. 그가 '노동'과 관계없는 시를 쓸 때에도, 그의 시를 읽는 사람들의 머릿속에는 '노동시'라는 범주가 자리하고 있는 듯하다. 한때 '노동시'라는 개념이 세계를 보는 건강한 시선으로 인식되었던 때가 있었다. 그 시절 노동계급은 우리의 미래를 지시하는 손가락이었다. 그렇지만 구로공단이 구로디지털단지로 바뀌고, 노동운동 대신 촛불집회가 전위적인 운동의 형식으로 등장하고, '노동' 개념 자체가 '공장' 바깥으로 확장됨에 따라, 오늘날 '노동시'는 더 이상 명예로운 수식으로 받아들여지지 않는다. 특정한 시적 내용이나 경향이 아니라 시인에게 따라붙는 '노동시'라는 꼬리표는, 조금 과장해서 말한다면, 차별화를 의미하는 유표有表의 일종이다. 마치 세상에는 '노동시'와 '노동시가 아닌 시'가 있는 것처럼. 문제는 어떤 시인이 '노동시'가 아닌 시를 쓸 경우에도 이 차별화의 유표적 기능이 어김없이 작동한다는 데 있다.

사실 황규관의 시를 노동시라는 범주를 이용하여 규정하려는 대부분의 비평적 분석은 일정한 한계를 지닌다. 세 번째 시집 『패배는 나의 힘』(창비, 2007)이 보여주듯이 황규관의 시 세계는 이미 '노동'이라는 제한적인 영역을 벗어나 '몸'과 '살'을 오가는 일종의 우주론적·생태론적 영역으로 발걸음을 옮겼기 때문이다. 그는 인간과 자연을, 비루한 일상과 우주론적 사유의 연속성을 잃어버리지 않은 채로 '가난'의 문제와 밥벌이의 고단함에 관해 노래해왔다. 그러면서도 그의 시 세계는 우주론적·생태론적 사유와 밥벌이라는 일상의 고단함을 이항적인 선택의 문제로 귀결시키지 않고 있는데, 이는 그의 근작들이 어느 하나의 경향으로 환원되지 않고 묘한 긴장감을 형성하고 있다는 사실에서도 확인된다. 이러한 시 세계의 긴장은 이번 시집에서도 동일하게 반복되고 있다. 가령 시집의 전반부에서는 '노동'이나 '일상'과는 전혀 다른 세계의 형상이 펼쳐지고 있으며, 중반 이후에서는 '노동'에 근거한 현실 비판과 '일상'에 뿌리내린 자기 성찰의 태도가 지배적인 경향으로 자리하고 있다. 이런 맥락에서 보면 느리게나마 '노동'에서 '생명'의 세계로의 시적 전회를 시도하고 있는 것처럼 보이며, 그런 까닭에 황규관의 시를 읽는 두 가지 이상의 독법이 가능하다. 그렇지만 나는 황규관의 시를 읽는 독법들 모두가 동일하게 중요하다고 생각하지는 않는다. 이 글은 '노동 이후'라는 맥락에서 그의 시적 변화가 지닌 의미를 추적하려 한다.

2

모든 반복에는 특별한 의미가 있다. 한 번의 우연적인 발화가 하나의 규정적인 '의미'로 귀착되고, 그것이 한 시인의 시 세계에서 특별한 의미를 점하게 되는 과정은 결국 반복의 힘에 의해서 성취된다. 황규관의 이번 시집에서 '시간'에 관한 인식이 바로 이러한 반복에 해당한다. 시인이 '시인의 말'에서 "현재가 과거에 속박되어서는 안 되지만/ 과거는 현재의 심층에서 언제나 운동하고 있다고 믿는다"라고 밝혀두었듯이, 이 시집의 특징적인 면모 가운데 하나는 삶의 과정을 '과거'와 '현재'의 삼투와 습합으로 인식한다는 데서 찾을 수 있다. 근대적인 유동적 시간관과도, 나아가 순환하는 농경적 시간관과도 구별되는, 이른바 적층되는 시간관을 통해서 시인이 말하려는 것은 비단 한 개인의 삶이 '과거'와 '현재'의 연속성에 근거한다는 상식적인 믿음만은 아닐 것이다. 가령 시인은 "포클레인이 지나갈 재개발과/ 협잡과 투기와 탐욕이 넘쳐나"(「공장 밖이 위험하다」)는 세속 도시의 욕망을 "폐수 같은 시간"이라고 명명하고, 그 타락한 세계로부터 자유롭지 못한 자신의 일상적 삶을 "찢겨져 버린 시간"(「만국의 노동자여, 분열하자」)라고 비판한다. 나아가 신체에 새겨진 과거의 상흔 때문에 고통 받는 자신의 모습을 "너무도 다른 시간들이/ 몸을 이곳저곳 가르고 있다"(「살을 앓다」)라고 표현하는가 하면, 부분과 전체로 구분되지 않는 자연으로서의 냇물을 "얼굴이 없는 시간"(「냇물」)이라고 명명한다. 이러한 시간 표현들을 통해서 알 수 있는 것은 시인이 인간의 삶은 물론 세계 전체를 거대한 시간의 표상으로 감각하고 있다는 사실이다. 가령 「밥」의 경우를 보자.

    아들아, 밥은 그냥 뜨거운 거다
    더럽거나 존엄하거나, 유상이든 무상이든
    밥을 뜰 때 다른 시간이
    우리의 몸이 되는 것
    정신도 영혼도 나는 신뢰하지 않는다
    이게 다 밥 때문이다
    더 먹어라, 벌써 비운 그릇에
    한 숟가락 덜어주는 건
    연민이나 희생이 아니다
    밥은 사유재산이 아니니
    내 몸을 푹 떠서 네 앞에 놓을 뿐

밥을 먹었으면 밥이 될 줄도 알아야지

―「밥」 전문

'밥'은 "그냥 뜨거운 거"라는 인식은 '밥'에 관한 유물론적인 인식을 전제하고 있다. 시인에 따르면 밥은 더러운 것/존엄한 것, 유상/무상이라는 일상적 분별을 넘어서 그냥 뜨거운 것, 즉 존재자 그 자체일 뿐이다. 흥미로운 것은 시인이 '밥'에 관한 이러한 이해를 '시간'의 문제와 겹쳐놓고 있다는 사실이다. 즉 "밥을 뜰 때 다른 시간이/ 우리의 몸이 되는 것"이 바로 그것이다. 이러한 인식에 따르면 밥을 뜨는 행위는 '다른 시간', 즉 다른 개체의 시간을 '우리의 몸', 즉 '나'의 시간과 중첩시키는 것이다. 시인은 '밥'이라는 일상적인 대상에도 '시간' 표상을 그래도 적용하고 있거니와, 각각의 개체에 속하는 시간들이 밥을 먹는 행위를 통해서 통합되고, 그리하여 '나'가 밥을 먹는 것은 다른 개체의 시간을 받아들이는 것과 동일하다는 인식에 이른다. 이런 맥락에서 시인은 '정신'과 '영혼'의 개념을 철저히 부정하며, 심지어 '밥'과 관련되어 세상을 시끄럽게 만드는 언표들―가령 연민, 희생, 사유재산 등을 신뢰하지 않는다고 토로한다. 그런데 개체와 개체의 우연적인 마주침을 시간적 사건으로 표현하는 이러한 태도가 궁극적으로 지향하는 바는 그것을 인식론이 아니라 존재론의 차원으로 끌어

올리는 것이다. 예를 들어 시인은 「아침이 되는 길」에서 '지난봄의 슬픔'이 오늘 아침의 '이슬'이 되는 과정을 묘사하면서 "사라지는 것이 아니다, 먼지처럼/ 쌓여 다른 생이 되는 것이다"라고 쓰고 있는데, 이것은 "후회는 현재를 더럽히므로—"(「8월」)나 "지나온 길 위에 남긴 흔적에/ 왜 가슴은 식을 줄 모르는가"(「길」)처럼 과거라는 시간이 사라지는 것이 아니라 현재에도 영향을 끼친다는 것, 그렇지만 그 영향이 '다른 생'처럼 이전과는 다른 형상으로 나타난다는 것을 뜻한다. 그런데 이러한 시간적 관계는 인식론적이기보다는 확실히 존재론적이며, 나아가 바람에 흔들리는 8월의 숲에서 "처음 보는 여자의 머릿단"을 읽어내는 내면의 감각을 "사소한 몸살도 당신과 마주친 흔적"(「8월」)이라고 규정하는 장면에서는 그 존재론적 의미가 한층 뚜렷해진다. 더욱이 시간의 변화를 "살과 살이 섞여/ 점점 깊어갈 뿐"(「강가에서」)이라고 표현하는 대목에 이르면 이제 시간의 뒤섞임이라는 인식론적 사건은 새로운 생명의 탄생을 예고하는 존재론적 사건으로 바뀌어 있다. 이처럼 황규관의 시에서 시간의 뒤섞임과 존재의 결합은 수평적인 방식의 관계를 드러내는 인식이라는 점에서 존재론적 의미를 띤다.

3

 "살이 말을 녹인다"(「흐르는 살」) 황규관의 세 번째 시집 『패배는 나의 힘』에 등장한 구절이다. 시인은 '살'의 부드러움과 '언어'의 견고함을 대비시킴으로써, '언어'가 만물의 형상과 움직임을 영속화하는 중심적인 것인 반면, '몸'은 언어의 견고함을 벗어나 '소리'의 세계에 근접하는 탈중심적인 것임을 보여주었다. 여기에서 '몸'과 '살'은 생명의 본원적인 측면을, '언어'는 그 생명을 영토화하려는 권력적 요소를 각각 상징한다. 황규관의 이번 시집은 이 '몸'의 세계를 생태학적인 요소와 결합시켜 대안적 세계를 가시화하고, '언어'를 초월하는 '소리'를 '침묵'에 근접하는 것으로 형상화하고 있다. 그리고 이 모든 인식의 출발점은 생명의 논리에 근거한 문명 비판이다. 특히 이번 시집에서 이 비판적인 시선은 몇몇 시편들에 집중되기보다는 시집 전편에, 매우 암시적인 방식으로 산포되어 있으며, 그 비판의 언어 또한 당위적이고 추상적인 구호를 전면에 내세우는 생태주의 시편들과 달리 매우 감각적인 방식으로 처리되어 있다. 때문에 이 비판은 부재하는 원인처럼 은폐되어 있으나, 바로 그런 이유로 생경한 관념의 당위적 노출이라는 생태주의의 한계를 벗어나고 있다.

 가령 시인은 "길을 넓히겠다고, 길가에 말없이/ 한 이십 년은 서 있었음 직한 나무를/ 포클레인이 찍어내고 있다"(「무너지는 시간」)라는 구절에서 나무의 존재감인 시간('이십 년')을 훼손하는 문명('포클레인')의 폭력성을 고발하고, "속도는 탐미주의를 닮았다/ 속도는 문명의 높이와 정비례한다"(「고속도로」)라는 표현을 통해서 문명이 지닌 속도의 욕망을 우회적인 방식으로 비판한다. "나는 너무 맹렬히 달려왔고, 속도를/ 속도가 생산하는 가치를 은연중에 신뢰했네"(「소음의 정체」). 황규관의 시 세계에서 문명에 의한 자연의 파괴, 기계에 의한 시간의 파열은 결국 문명과 기계에 의해 만들어진 편리함이 인간의 행복과 무관하다는 인식으로 이어진다. 그러므로 "대지가,/ 생명이 갇혔다"(「거리에 갇히다」)라는 진술은 문명과 기계의 결과물인 '거리'가 생명으로서의 대지를 잠식해버렸음을 고발하고, 나아가 '거리'로부터 '대지'를 해방시키는 것이 곧 생명의 정도正道임을 알리는 대안적 감각을 제시한다.

강물 앞에 서면 물결이 되고
숲에 들면 나무가 되는 순간이 있다

어깨를 들썩이며
모든 시간이 울먹이고 꽃잎이
바람이 되는

어찌할 수 없는 노래가 있다

멍든 가슴이 깨질 때 목마른
짐승이 밖으로 뛰쳐나와 들판을 달릴 때
언어가 조각나는 여리디여린 몸뚱이가 있다

절정은 사막인데
사막이 피안이 되는 순간이 있다

싸움과 변명과
누적된 신음이 커질 때
사랑과 믿음과 고독에
모두를 맡길 때
미지의 심연이 반짝이는
찰나가 있다

어두운 물질에
웃음이 번지는 기적이 있다

―「탄생」 전문

  이것은 어떤 경험의 순간에 관한 기록이다. 이 경험은 '나'와 '강물', '나'와 '숲'의 만남에서 비롯된다. 그런데 이

'순간'적인 사건으로서의 만남은 "강물 앞에 서면 물결이 되고/ 숲에 들면 나무가 되는" 것처럼 '나'의 정체성이 온전히 사라지는 경험이다. 이 경험은 '나'와 '강물', '나'와 '숲'이라는 각각의 실체가 마주 대면하는 근대적인 또는 이성적인 방식의 관계가 아니다. 그것은 인간이 자신의 목적에 맞게 자연을 가공할 수 있거나, 또는 그런 가공이 진보라는 이름으로 합리화되는 문명의 관계가 아니다. 차라리 그것은 '나'라는 근대적인 자아의 형상이, 또는 언어의 산물로서의 '나'라는 주체성이 '강물'과 '숲'이라는 더 큰 자연의 일부가 되는 융합적인 관계이다. 그래서 이 관계는 "언어가 조각나는/ 여리디여린 몸뚱이가 있다"처럼 '언어'의 권력이 부정되고 오로지 '몸'만 남는 감각적 관계이며, 나아가 이성에 의해 매개되지 않는 '살'의 관계이다. 자연 앞에서 경험하는 '나'의 해체는―그것을 숭고의 체험이라고 말하는 것은 중요하지 않다―근대적인 정체성의 논리에 따른다면 곧 '나'의 죽음이다. '나'라는 이성과 감각의 선험적인 주체성이 사라지는 것, 이것이 존재론적인 의미에서 죽음이 아니라면 무엇인가. 그런데 아이러니컬하게도 시인이 이 죽음의 순간에 '탄생'이라는 역설적 제목을 붙여놓았다. 이것은 근대적 이성이 자신의 죽음을 목격하는 그곳이 바로 비이성적 감각의 관점에서는 탄생의 지점이 된다는 논리를 함축하고 있다. 따라서 "절정은 사막인데/ 사막이 피안이 되는 순간이 있다"라는 표현이 가능해진다. 어떤 순간, 그러니까 어깨를 들썩이며 모든 시간이 울먹이고, 꽃잎이 바람이 되는, 어찌할 수 없는 노래가 되는 순간, 그리하여 심장에 깃들어 있던 짐승이 밖으로 뛰쳐나와 들판을 내달리고 언어가 산산조각 나는 그 절정의 순간은 '사막'이 상징하는 죽음으로서의 절정일 수밖에 없는데, 오히려 시인은 이 사막의 메마른 죽음에서 '피안'이라는 새로운 세계를 발견한다. 이러한 전도의 힘은 "벽이, 안에 있는 나와 / 밖에 있는 나를 흐르게 한다"(「벽」)라는 진술에서도 동일하게 확인된다. 사막을 피안으로 만드는 힘, 벽을 장벽이 아니라 흐름의 계기로 포착하는 힘, 일단 이것을 '기적'이라고 말해두자.

> 바다에 가까이 와서야 허락된 게
> 바람에 몸을 맡긴 영혼이라니
> 믿을 수 없는 건
> 차라리 버리지 못한 내 신념이다
> 새 떼들 상류 쪽으로 까마득히 날아가고
> 강안은 또 부서지느라 포클레인과
> 덤프트럭을 허락하고 말았지만
> 흐름을 멈춘 듯한 세상에도
> 견딜 수 없는 심연은 있는 것,

나는 눈앞의 격랑을 너무 오래 바라며 살았다

그러나 겨울 강은 바다에 가까울수록

침묵 쪽으로 길을 잡는다

그 위로 많이 가난해진 저녁놀이

먹먹하게 내려앉고, 드디어 암전!

그러므로 사랑을 잃은 노래여

기억이 아득해져버린 겨울 강에서

뜨거운 숨을 혼자 쉬어라

어제보다 깊은 수심水深을 가져라

겨울 강은 모든 목적을 버리고

경계 없는 바다가 되어가고 있다

―「겨울 강」 전문

  이 시에서 주목할 것은 '심연'과 '침묵', 바다의 '무목적성'과 '경계 없음'이다. 알다시피 '문명'은 목적의 세계이다. 근대의 기계론적 세계관을 이끌어왔던 근본적인 에너지는 이성에 의해 자연세계를 유용성이라는 목적에 맞게 변환·가공하는 진보의 힘에 있었고, 진보적 세계관은 인간에 의한 자연지배라는 인위적인 사건을 자연적인 진화의 과정으로 간주함으로써 세계의 이질적인 시·공간성을 서열화했다. 인간에 의한 자연의 지배가 한층 고도화된 공간일수록 시간의 측면에서는 더 진보된 사회라고 인식되었던 것이다. 황규관의 시는 더 이상 그러한 진보주의에 동의하지 않는다. 예를 들어 시인은 「인간의 길」에서 '고래의 길-갯지렁이의 길-너구리의 길-딱정벌레의 길-제비꽃의 길-굴참나무의 길-북방개개비의 길'에 관해서 언급한 후에야 "드디어 인간의 길이 생겼다"라고 진술한다. 이것은 자연의 발생학적인 순서를 가리키는 것이지만, 또한 '인간의 길'이 자연의 길에 비해 더 중요한 것은 아니라는 전언을 담고 있다. 더군다나 시인은 "그리고 인간의 길옆에/ 피투성이가 된 고양이가 버려져 있다"처럼 인간의 길의 등장이 고양이의 죽음을 불러오고, 나아가 모든 자연 생명의 길들을 사라지게 함으로써 "드디어 인간의 길만 남았다/ 그리고 인간의 길옆에/ 길 잃은 인간이 버려져 있다"처럼 인간 자신의 생명을 위태롭게 만드는 결과를 불러올 것임을 예언하고 있다. 물론, 오늘날의 현실은 이 예언이 이미 현실의 일부가 되어버렸음을 말해주고 있지만.

화자 '나'는 '바다'에 와서 "버리지 못한 내 신념"을 신뢰할 수 없음을 깨닫는다. '바다'라는 자연적 세계에서는 인간의 신념은 더 이상 신뢰할 수 있는 이정표가 되지 못한다. 그 세계는 "바람에 몸을 맡긴 영혼"을 긍정하는 것만이 중요한 곳이다. 그러나 지금 바다에서 '나'의 앞에 펼쳐지는 풍경은 "포클레인과/ 덤프트럭"이 자연적 세계를 인간의 공간으로 바꾸고 있는 개발의 현장이다. 또한 이것은 우리 사회의 현실이다. 그렇다면 자연적 세계로서의 바다는 영영 사라져 무의미한 인간적인 공간의 일부가 되어버리는 것일까? 그렇지 않다. 시인은 "눈앞의 격랑"의 이면에 "견딜 수 없는 심연"의 세계가 존재함을 발견한다. 그것은 「낙화」에서 낙엽이 떨어지는 허공에서 "허공에는 지는 꽃잎보다 많은/ 다른 세계가 우글거린다"처럼 '다른 세계'의 존재를 읽어내는 것과 마찬가지이다. 시인은 이러한 재발견의 과정을 '침묵'과 연결시킨다. "겨울 강은 바다에 가까울수록/ 침묵 쪽으로 길을 잡는다"가 그것이다. 여기에서 '침묵'이란 '언어', 즉 유동적인 자연적 세계를 중심화하는 언어의 힘이 부정될 때 목격되는 세계를 의미한다. 황규관의 시에서 '언어'는 인간과 문명에, '침묵'과 '심연'은 그 이면에 존재하는 '다른 세계'를 각각 상징한다. 그리고 "겨울 강은 모든 목적을 버리고/ 경계 없는 바다가 되어가고 있다"라는 진술처럼 자연으로서의 '겨울 강'은 '문명'의 목적성을 벗어나 경계 없는 '바다'의 세계로 흘러든다. 비유컨대 이것은 '생명'으로서의 '대지'가 인간의 '길'을 벗어나는 과정도 일맥상통한다.

4

 목적이 없다는 것은 무의미하거나 무가치하다는 말이 아니다. 그것은 고정된 의미가 없다는 것이고, 유동적이고 우연적인 세계를 인위적으로 분절하는 '언어'의 질서 바깥에 위치한다는 의미이다. 인간의 역사가 정해진 방향을 향해 합목적적으로 흘러간다고 믿는 근대의 진보주의자라면 이 무목적을 질서를 위협하는 카오스, 즉 혼돈이라고 말하겠지만, 진보라는 문명의 신화를 거부하고 세계의 심연 속에서 새로운 세계의 도래를 성찰하려는 시인이라면 그러한 자연의 무목적성에 '혼동'이라는 부정적 평가를 내리진 않을 것이다. 이런 까닭에 목적이 없다는 말은 미리 정해진 방향이 없다는 의미로 읽어도 좋을 듯하다. 황규관 시인에게 '자연'은 대표적인 무목적의 세계이다. 가령 자연은 "선도 악도 사라진 얼굴"(「입동」)처럼 선/악이라는 인간적 가치의 바깥에 존재하고, "가는 것도 없고 오는 것도 없는 냇물"(「냇물」)처럼 상※하지 않는다. 이러한 무목적의 자연이 인간의 삶에 비유될 때 "아무것도 가지지 않기 위해 왔다/ 시퍼런 잎새 하나 피우러 왔다/ 함께 살자고 왔다"(「우리는 이렇게 왔다」)처럼 '무욕=생태=공동체'라는 윤리적 등식이 등장한다. 황규관의 근작들은 이처럼 '자연'과 '문명'이라는 상이한 체계를 무목적/목적, 살/언어, 심층/표면의 이항적인 관계로 변주하고 있다. 이번 시집에서 이 관계는 '언어'와 '침묵'이라는 또 하나의 대립으로 확정되고 있다.

> 가장 거대한 언어가 침묵이듯
> 가장 깊은 노래는,
> 구럼비 바위를 쉬지 않고 흔드는
> 바다의 영원한 혼잣말이네
> 그 의미 없는 몸짓 속에서
> 붉은발말똥게는 입술에 파도를 물고
> 따개비는 마을의 불빛을 켠다네
> 바람은 오름을 돌아 구름이 된다네
> 우리가 심해에서 엉금엉금 기어 나와
> 까마득한 시간을 살아오는 동안,
> 대지가 펄떡였고 비통이 지나갔네
> 물질을 멈추지 않는 동안
> 수평선은 언제나 격랑이었네
> 맑은 설움이 지상의 모든 소음을 지우고
> 끝내 출렁이는 바라가 된다는 믿음을
> 오지 저 구럼비 바위가 증명하듯
> 오늘도 바다는 뜻 모를 혼잣말이네
> 아물지 않은 아픔에 신의 숨결이 부네
> 그걸 들을 수 있는 영혼들만

아름다운 꽃밭이 된다네

허공을 양각陽刻하는 나비가 된다네

─「아름다운 꽃밭」 전문

이 시의 공간적 배경인 구럼비 해안의 강정마을은 해군기지 건설을 둘러싸고 '안보-개발'의 논리와 '생태-평화'의 논리가 첨예하게 대립하고 있는 곳이다. 그렇다고 이 시의 의미를 제대로 읽어내기 위해 해군기지 건설을 둘러싸고 벌어지는 정치적·현실적 갈등을 떠올려야 할 이유는 없다. '구럼비'란 실상 인간에 의한 자연의 파괴와 정복을 상징하는 우리 시대의 축도縮圖 이상이 아니기 때문이다. 인간의 실용적인 목적과 편의를 위해, 또는 개발과 자본의 논리에 의해 파괴되고 있는 곳이 비단 구럼비 해안만은 아니다. 어쨌거나 시인은 지금 강정마을에서 "구럼비 바위를 쉬지 않고 흔드는/ 바다의 영원한 혼잣말"을 듣고 있다. 그런데 "가장 깊은 노래"의 일종인 "바다의 혼잣말", 즉 '파도' 소리에서 시인은 그보다 더욱 본질적인 "가장 거대한 언어가 침묵"이라는 사실을 끄집어내고 있다. 가장 거대한 언어가 '침묵'이라는 것은 무엇을 의미하는가? 먼저 이때의 '언어'란 세계를 구획 짓는 질서의 상징인 인간의 '언어'가 아니다. 그것은 '언어'를 넘어선 언어이고, 언어의 심연에 존재하는 언어라는 점에서 '언어 이상'의 무엇이다. 시인에 따르면 그것은 "지상의 모든 소음을 지우"는 "맑은 설움"일 수도 있고, 모든 것들을 거대한 자연의 품으로 불러들이는 "끝내 출렁이는 바다"의 본래적 소리일 수도 있다. 문제는 "그걸 들을 수 있는 영혼들만/ 아름다운 꽃밭이 된다네"라는 진술처럼 오늘의 인간에게 그 침묵의 소리를 들을 수 있는 영혼의 능력이 존재하는가이다. 이 능력이 존재하지 않는 한 바다의 소리는 "영원한 혼잣말"과 "의미 없는 몸짓"의 차원을 벗어나지 못할 것이다.

'인간'의 언어와 자연의 '침묵'이 대립하는 모습은 시집의 곳곳에서 목격된다. 특히 이러한 대립은 "언어는 이제 벌레 울음이나 되어라"(「낙화」), "국가가 태어나기 이전에 (…) 이름을 가지지 않은 심해가 있다"(「경계」), "좀 고요해지면 된다", "아침에 쌓인 눈은/ 침묵이 깊다"(「눈 온 아침에」)처럼 '침묵'을 자연 세계의 원리로 의미화하거나, 인간의 '언어'를 그 '침묵'과 대비되는 부정적인 것으로 형상화하는 방식으로 시집 도처에 흩뿌려져 있다. 하여, 시인은 "이제 침묵은 어디에서 빛날 것인가/ 넓어진 길을 따라 더 많은 소음"(「무너지는 시간」)처럼 자본주의적 '소음'과 자연적 '침묵'을 대비하고, 인간에 의한, 문명에 의한 자연의 정복과 파괴의 과정을 '소음'에 의한 '침묵'의 절멸과 동일한 층위로 설정한다. '소음'과 '침묵'의 이러한 비평행적인 관계는 결국 우리에게 '소음'의 길과 '침묵'의 길 가운데 하나를 선택해야 한다는 무언의 압박으로 다가온다. 이렇게 보면 "언어가 조각나는/ 여리디여린 몸뚱이"(「탄생」)의 세계 역시 '침묵'에 대한 환칭이라고 말할 수 있다. 황규관의 시를 읽는 독자 모두가 이 불편한 물음 앞에서 잠시 주저할 것이며, 문명을 벗어난 삶을 희미하게나마 떠올려볼 것이다. 분명한 것은 우리 모두가 어떤 선택을 하든 진실한 것은 '언어'나 '소음'이 아니라 "버림받은 영혼의 말더듬이"(「노래에 대하여」)를 통해서만 도달할 수 있다는 것, 한 편의 시가 우리 마음에 조그만 파문을 일으키는 것은 결코 '언어'로만 해명될 수 없다는 사실이다. 어쩌면 이러한 문제의식이야말로 "핏물이 밴 정치시를 한 줄 못 쓴다/ 끝내 완성되지 못할 정치시를/ 아내의 외면도 너끈히 견뎌내는/ 더러운 시를—"(「더러운 시」)라는 '정치시'에 관한 시인의 고민과 맞닿아 있는 것인지도 모른다. 그러나 우리는 또한 물을 수 있다. '언어'가 아니라면 그 노래가 또 무엇으로 가능할 수 있느냐고. '언어'와 '소음'을 넘어선 '침묵'이 그려낼 다음 세계는 과연 어떤 것일까. 이 질문을 가슴에 품고 그의 다음 시집을 기다려본다.